Arena-Taschenbuch
Band 0332

Marliese Wehner,
geboren 1959, hat nach ihrem Musik-
und Germanistikstudium
zunächst als Musiklehrerin gearbeitet.
Heute ist sie Autorin und Herausgeberin
von Beschäftigungsbüchern für Kinder.

Marliese Wehner

Quiz & Spaß

Dieses Buch gehört
Olivia Niedzielski

Arena

In neuer Rechtschreibung

1. Auflage 1998 als Originalausgabe
im Arena-Taschenbuchprogramm

Umschlagillustration: Heike Weidner
Innenillustrationen: Stephan Baumann
Gesamtherstellung: Westermann Druck Zwickau GmbH
ISSN 0518-4002
ISBN 3-401-00332-1

Inhalt

Fahrbare Untersätze

1. Wie nennt man das Autoteil, das Abgase weitgehend entgiftet?
   a) Auspuff
   b) Kanalysator
   c) Katalysator √

2. Wie viele Zündkerzen hat ein Vierzylinder-Diesel-Motor?
   a) Gar keine √
   b) Vier
   c) Acht

3. Welcher Buchstabe steht am Schalthebel eines Automatikwagens für normale Fahrt?
   a) R
   b) N
   c) D √

4. Was wird dem Gummi von Autoreifen zugesetzt, damit sie schwarz werden?
   a) Ruß √
   b) Lakritze
   c) Schwarze Farbe

5. Welches Autoteil wurde 1893 in Paris eingeführt?
a) Der Rückspiegel
b) Das Ersatzrad
c) Das Nummernschild √

6. Wer hat den Otto-Motor entwickelt?
a) Otto Waalkes
b) Nikolaus August Otto √
c) Carl Friedrich Benz

7. Welche Autofirma stellte als erste auch Traktoren her?
a) Ferrari
b) Ford √
c) Daimler-Benz

8. Was bedeutet ABS?
a) Autobahnsicherheit
b) Automatische Brems-Sicherung
c) Anti-Blockier-System √

9. WER WAR'S?
Er gründete in einem Dorf am Main eine kleine Mechanikerwerkstatt, in der er zunächst Nähmaschinen herstellte. Später baute er Fahrräder und dann Kraftwagen.
a) Adam Opel √
b) Carl Friedrich Benz
c) Henry Ford

10. Wie nennt man einen, der Autos repariert?
a) Autodidakt
b) Autokrat
c) Automechaniker √

11. Womit wird das Benzin vermischt, damit ein Automotor laufen kann?
a) Mit Luft √
b) Mit Wasser
c) Mit Öl

Fahrbare Untersätze

1 c) Katalysator

2 a) Gar keine

3 c) D

4 a) Ruß

5 c) Das Nummernschild

6 b) Nikolaus August Otto

7 b) Ford

8 c) Anti-Blockier-System

9 a) Adam Opel

10 c) Automechaniker

11 a) Mit Luft

Unsterbliche Comics

1. Wie heißt der dicke Freund von Asterix, der gerne Wildschwein isst?
   a) Tunix
   b) Majestix
   c) Obelix

2. Welches Instrument spielt Troubadix?
   a) Schlagzeug
   b) Lyra
   c) Posaune

3. Womit kann Linus nur einschlafen?
   a) Mit einem Teddybären
   b) Mit einer Schmusedecke
   c) Mit einer Wärmflasche

4. Welchen Besuch hasst Hägar am meisten?
   a) Von der Schwiegermutter
   b) Vom Onkel
   c) Vom Schwiegersohn

5. Welcher dieser Zeichentrickfilme beruht auf einer wahren Geschichte?
   a) *Die Schöne und das Biest*
   b) *101 Dalmatiner*
   c) *Pocahontas*

6. Welcher Filmheld heißt im Privatleben Clark Kent?
a) Agent 007
b) Superman √
c) Batman

7. Wie heißt das Herrchen von Snoopy?
a) Charlie Rivel
b) Charlie Chaplin
c) Charlie Brown √

8. Wie heißt die Schlange in Walt Disneys *Dschungelbuch*?
a) Shir Khan
b) Kaa √
c) Bagheera

9. Wie viele Kinder haben Popeye und Olivia?
a) Vier √
b) Sechs
c) Acht

10. Welches Haustier hält sich Familie Feuerstein?
a) Eine Katze
b) Einen Wellensittich
c) Einen Saurier √

11. Wer wird immer von den Dalton-Brüdern geärgert?
a) Onkel Dagobert
b) Babar
c) Lucky Luke √

12. Welchen Komponisten liebt Schröder von den *Peanuts*?

a) Mozart

b) Beethoven √

c) Mahler

13. Was für Tiere sind Fix und Foxi?

a) Hunde

b) Hasen

c) Füchse √

14. Was kann Dumbo als einziger Elefant?

a) Tanzen

b) Reiten

c) Fliegen √

15. Wodurch bekommt Popeye übermenschliche Kräfte?

a) Durch einen Zaubertrank

b) Durch Spinat √

c) Durch eine Wunderpille

Unsterbliche Comics

1 c) Obelix

2 b) Lyra

3 b) Mit einer Schmusedecke

4 a) Von der Schwiegermutter

5 c) *Pocahontas*

6 b) Superman

7 c) Charlie Brown

8 b) Kaa

9 a) Vier

10 c) Einen Saurier

11 c) Lucky Luke

12 b) Beethoven

13 c) Füchse

14 c) Fliegen

15 b) Durch Spinat

Schiff ahoi!

1. Welche Farbe hat die Lampe auf der rechten Schiffsseite?

a) Blau
b) Grün
c) Violett

2. Wo sollen im Atlantik Schiffe spurlos verschwinden?

a) Im Bikini-Atoll
b) Bei den Osterinseln
c) Im Bermuda-Dreieck

3. Unter welcher Flagge segelten die Piraten?

a) Unter einer blutgetränkten Flagge
b) Unter einer schwarzen Flagge mit Totenschädel und gekreuzten Knochen
c) Unter einem zerrissenen Hemd als Flaggenersatz

4. Welchen Vogel haben Piraten gerne bei sich?

a) Einen Papagei
b) Einen Raben
c) Eine Möwe

5. Wie heißen alte chinesische Handelsschiffe?
a) Trawler
b) Fregatten
c) Dschunken

6. Wie hießen die Seeräuber im Mittelmeer?
a) Husaren
b) Korsaren
c) Musketiere

7. Was macht ein Rudergänger?
a) Er rudert das Boot.
b) Er holt die Ruder.
c) Er steuert das Schiff.

8. Was ist ein Südwester?
a) Ein Schiffskompass
b) Ein Seemannshut aus geölter Leinwand
c) Ein zweimastiges Segelschiff

9. Was ist eine Kogge?
a) Die Schiffsküche
b) Ein starkes Tau zum Anlegen
c) Ein dickbauchiges Segelschiff der Hanse

10. Welchen Sinn hatte der Brauch bei den Piraten, einen Ohrring zu tragen?
a) Sie glaubten, dass sich dadurch ihr Sehvermögen steigert.
b) Sie zeigten damit, wie reich sie waren.
c) Sie lenkten damit von ihren schrecklichen Narben ab.

11. Wonach richteten sich die Seefahrer vor der Erfindung des Kompasses?
a) Nach den Meeresströmungen
b) Nach den Gestirnen
c) Nach hohen Bergen

12. Was ist ein Schoner?
a) Ein Schutzüberzug für den Segelmast
b) Der Assistent des Kapitäns
c) Ein Segelschiff

13. Woraus bauten die Ägypter ihre Boote?
a) Aus Baumstämmen
b) Aus Schilf
c) Aus Balsaholz

14. Wie heißen die schmalen Boote, die auf den Kanälen Venedigs fahren?
a) Barkassen
b) Gondeln
c) Barkarolen

Schiff ahoi!

1 b) Grün

2 c) Im Bermuda-Dreieck

3 b) Unter einer schwarzen Flagge mit Totenschädel und gekreuzten Knochen

4 a) Einen Papagei

5 c) Dschunken

6 b) Korsaren

7 c) Er steuert das Schiff.

8 b) Ein Seemannshut aus geölter Leinwand

9 c) Ein dickbauchiges Segelschiff der Hanse

10 a) Sie glaubten, dass sich dadurch ihr Sehvermögen steigert.

11 b) Nach den Gestirnen

12 c) Ein Segelschiff

13 b) Aus Schilf

14 b) Gondeln

Bärenstarke Fragen

1. Was schmeckt Braunbären besonders gut?
a) Schokolade
b) Lakritz
c) Honig

2. Wie heißt das Märchen, in dem ein Bär vorkommt?
a) Der Bär und die sieben jungen Geißlein
b) Ein Bär, der auszog, das Fürchten zu lernen
c) Die zwei Brüder

3. Welche deutsche Großstadt führt einen Bären im Wappen?
a) Berlin
b) Hamburg
c) München

4. Welche Bären leben noch wild in deutschen Wäldern?
a) Waschbären
b) Braunbären
c) Eisbären

5. Wie heißt der Bär in der *Muppets-Show*?
a) Bussi Bär
b) Fozzie Bär
c) Teddy

6. Wovon ernähren sich Pandabären hauptsächlich?
a) Von Insekten
b) Von Blättern
c) Von Bambus

7. Wie heißt der Bär in der Tierfabel?
a) Meister Lampe
b) Meister Petz
c) Adebar

8. Was isst Goldilock in dem Haus der drei Bären?
a) Apfelbrei
b) Haferbrei
c) Nudelsuppe

9. Wie heißt der Bär aus dem *Dschungelbuch*?
a) Balu
b) Mogli
c) Tarzan

10. Welche braunen Bären leben in Alaska?
a) Beutelbären
b) Tanzbären
c) Kodiakbären

11. Welcher Mädchenname ist von der lateinischen Bezeichnung für Bär abgeleitet?
a) Bärbel
b) Ursula
c) Leonie

12. Wie heißt der Bär von Christopher Robin?
a) Pu
b) Tom
c) Brumm

13. Welche Farbe hat das Fell eines Polarbären?
a) Schwarz
b) Rosa
c) Weiß

14. Welches Tier wird für einen Bären gehalten, ist aber kein Bär?
a) Der Waschbär
b) Der Koala
c) Der Nasenbär

Bärenstarke Fragen

1 c) Honig

2 c) Die zwei Brüder

3 a) Berlin

4 a) Waschbären

5 b) Fozzie Bär

6 c) Von Bambus

7 b) Meister Petz

8 b) Haferbrei

9 a) Balu

10 c) Kodiakbären

11 b) Ursula

12 a) Pu

13 c) Weiß

14 b) Der Koala

Wichtige Persönlichkeiten

1. Wie starb Julius Cäsar?
   a) Er ertrank beim Schwimmen.
   b) Er fiel vom Pferd.
   c) Er wurde erstochen.

2. Welche große Herrscherin starb an einem Schlangenbiss?
   a) Kleopatra
   b) Katharina die Große
   c) Maria Theresia

3. Welche Französin stellt in London berühmte Leute leblos zur Schau?
   a) Madame Bovary
   b) Madame Tussaud
   c) Madame Butterfly

4. Was erfand Johannes Gutenberg?
   a) Den Blutdruck
   b) Den Buchdruck
   c) Den Alpdruck

5. Wer sagte: »Alles, was ich für eine Komödie brauche, ist ein Park, ein Polizist und ein schönes Mädchen.«?
a) Shakespeare
b) Charlie Chaplin
c) Mr. Bean

6. Wie wurde Zar Iwan IV. noch genannt?
a) Der Scheußliche
b) Der Hässliche
c) Der Schreckliche

7. Wer war Archimedes?
a) Ein griechischer Mathematiker
b) Ein chinesischer Schriftsteller
c) Ein spanischer Architekt

8. Welches heute unentbehrliche Gerät erfand Alexander Graham Bell?
a) Den Kühlschrank
b) Das Telefon
c) Die erste Rechenmaschine

9. Wer sagte: »Heureka, ich hab's gefunden!«?
a) Archimedes
b) Kolumbus
c) Goethe

10. Wer entdeckte die Gesetze der Schwerkraft, als er einen Apfel herunterfallen sah?
a) Wilhelm Tell
b) Granny Smith
c) Isaac Newton

11. Welche Theorie stellte Albert Einstein auf?
a) Die Musiktheorie
b) Die Relativitätstheorie
c) Die Quantentheorie

12. Wo wohnte der Philosoph Diogenes?
a) In einem Fass
b) In einem Baumhaus
c) In einer Höhle

Wichtige Persönlichkeiten

1 c) Er wurde erstochen.

2 a) Kleopatra

3 b) Madame Tussaud

4 b) Den Buchdruck

5 b) Charlie Chaplin

6 c) Der Schreckliche

7 a) Ein griechischer Mathematiker

8 b) Das Telefon

9 a) Archimedes

10 c) Isaac Newton

11 b) Die Relativitätstheorie

12 a) In einem Fass

Urtierisches

1. Der Dinosaurier mit dem längsten Hals heißt Mamenchisaurus. Wie lang war sein Hals?
a) Sieben Meter
b) Neun Meter
c) Zwölf Meter

2. Woran kann man das Alter einer Schildkröte erkennen?
a) An ihrer Körpertemperatur
b) An der Länge ihres Halses
c) An der Anzahl der Ringe auf ihrem Panzer

3. Wieso können sich Frösche an senkrechten Glasflächen festhalten?
a) Sie sondern an den Füßen eine klebrige Flüssigkeit ab.
b) Sie haben an den Vorderfüßen Saugnäpfchen.
c) Sie saugen sich mit dem Maul fest.

4. Welche Größe hatte das Gehirn eines Stegosaurus?
a) Die Größe einer Walnuss
b) Die Größe einer Birne
c) Die Größe einer Ananas

5. Wie groß war der kleinste Dinosaurier?
a) So groß wie eine Maus
b) So groß wie ein Huhn
c) So groß wie ein Pferd

6. Welche Besonderheit hat die heute noch in Neuseeland lebende Brückenechse?
a) Ein drittes Auge auf dem Scheitel
b) Giftige Rückenstacheln
c) Kleine Flügel auf dem Rücken

7. Wozu benutzen Schlangen ihre gespaltene Zunge?
a) Zum Riechen
b) Zum Giftspritzen
c) Zum Klappern

8. Wovon haben sich viele Dinosaurierarten hauptsächlich ernährt?
a) Von Fischen
b) Von Insekten
c) Von Pflanzen

9. In welchem europäischen Land gibt es keine Schlangen?
a) In Finnland
b) In Irland
c) In Italien

10. Wovon trennt sich eine Eidechse bei Gefahr?
a) Von ihrem Partner
b) Von ihrer Haut
c) Von ihrem Schwanz

11. Was ist eine Blindschleiche?
a) Eine Schlange
b) Eine Eidechse ohne Beine
c) Ein Wurm

12. Wie transportieren Krokodile ihre Babys über längere Strecken?
a) Im Maul
b) Auf dem Rücken
c) Die Kleinen beißen sich am Schwanz fest.

13. Was konnte ein Flugdrache?
a) Seine Rippen abspreizen und bis zu 20 Meter weit von einem Baum fliegen
b) Wie ein Vogel fliegen
c) Sich mit erwärmter Luft wie ein Segelflieger in die Höhe tragen lassen

Urtierisches

1 b) Neun Meter

2 c) An der Anzahl der Ringe auf ihrem Panzer

3 b) Sie haben an den Vorderfüßen Saugnäpfchen.

4 a) Die Größe einer Walnuss

5 b) So groß wie ein Huhn

6 a) Ein drittes Auge auf dem Scheitel

7 a) Zum Riechen

8 c) Von Pflanzen

9 b) In Irland

10 c) Von ihrem Schwanz

11 b) Eine Eidechse ohne Beine

12 a) Im Maul

13 a) Seine Rippen abspreizen und bis zu 20 Meter weit von einem Baum fliegen

Kleiner Imbiss

1. Was ist ein Baumkuchen?
   a) Ein Kuchen, der mit Baumrindenmehl gebacken wird
   b) Ein Biskuitgebäck
   c) Ein Kuchen in Baumform

2. Welcher Meeresfisch wird vorwiegend zu »Seelachs« verarbeitet?
   a) Lachs
   b) Makrele
   c) Kabeljau

3. Welches Vitamin ist reichlich in Zwiebeln enthalten?
   a) Vitamin C
   b) Vitamin E
   c) Vitamin A

4. Was machen Eier in einer zwölfprozentigen Kochsalzlösung?
   a) Zerfallen
   b) Sinken
   c) Schwimmen

5. Wer hat die Schokolade erfunden?
a) Suchard
b) Lindt
c) Sarotti

6. Von welcher Pflanze isst man die Blüte?
a) Von der Zwiebel
b) Von der Ananas
c) Vom Blumenkohl

7. Wie nennt man einen Menschen, der nur pflanzliche Nahrung zu sich nimmt?
a) Gourmet
b) Vegetarier
c) Botaniker

8. Was sind Schillerlocken?
a) Bauchlappen vom Dornhai
b) Bandnudeln
c) In sich gedrehtes süßes Gebäck

9. Warum kann man kein Meerwasser trinken?
a) Es ist zu kalt.
b) Es ist zu salzig.
c) Es hat zu viele giftige Algen.

10. Welche Teile des Fisches werden als Kaviar verzehrt?
a) Die Eier
b) Die Augen
c) Die Kiemen

11. Was sind Maronen?
a) Nudeln
b) Esskastanien
c) Kokosplätzchen

12. WER WAR'S?
Er entdeckte, dass Pflanzen dem Boden Mineralstoffe entziehen, und führte die künstliche Düngung ein. Bekannt ist er auch durch die Erfindung eines Fleischextrakts, der noch immer seinen Namen trägt.
a) Wilhelm Knorr
b) Dr. Oetker
c) Justus von Liebig

13. Was war das Getränk der alten Germanen?
a) Bier
b) Kräuterlimonade
c) Met

14. Wie kann man ein Spiegelei noch nennen?
a) Ochsenauge
b) Solei
c) Karawanserei

15. Was gibt der Milch die weiße Farbe?
a) Kalk
b) Fett
c) Eiweiß

Kleiner Imbiss

1 b) Ein Biskuitgebäck

2 c) Kabeljau

3 a) Vitamin C

4 c) Schwimmen

5 b) Lindt

6 c) Vom Blumenkohl

7 b) Vegetarier

8 a) Bauchlappen vom Dornhai

9 b) Es ist zu salzig.

10 a) Die Eier

11 b) Esskastanien

12 c) Justus von Liebig

13 c) Met

14 a) Ochsenauge

15 b) Fett

Von Leinwand und Mattscheibe

1. Von welchem Planeten stammt Alf?
a) Vom Mars
b) Vom Melmac
c) Vom Pluto

2. Welcher Sänger singt die Titelmelodie für *Tom und Jerry*?
a) Udo Jürgens
b) Udo Lindenberg
c) Marius Müller-Westernhagen

3. Wie heißt die Freundin von Kermit?
a) Miss Piggy
b) Daisy
c) Arabella

4. Welche Farbe hat der Elefant in der *Sendung mit der Maus*?
a) Lila
b) Grau
c) Blau

5. Wie heißt der größte Filmaffe?
a) Judy
b) Alf
c) King Kong

6. Wer bewohnt in der *Sesamstraße* eine Mülltonne?
a) Samson
b) Oskar
c) Ernie

7. Welches Land ist der größte Filmproduzent der Welt?
a) Indien
b) USA
c) Australien

8. Wie heißt der Filmpreis von Cannes?
a) Goldene Kanne
b) Goldene Palme
c) Goldene Filmrolle

9. Wer war der Partner von Stan Laurel ?
a) Buster Keaton
b) Orson Welles
c) Oliver Hardy

10. WER WAR'S?
Er gründete ein Filmstudio in Chicago. Die meisten Kinder lieben die von ihm erfundenen Tiergestalten. Er ist nicht nur für seine Zeichentrickfilme, sondern auch für seine Naturfilme berühmt.
a) Jacques Cousteau
b) Bernhard Grzimek
c) Walt Disney

11. Wie nennt man den Schnittmeister beim Film?
a) Cutter
b) Regisseur
c) Schneider

12. Wie heißt der Filmklassiker mit Humphrey Bogart und Ingrid Bergman?
a) *Dick und Doof*
b) *Ben Hur*
c) *Casablanca*

13. Was ist der Oscar?
a) Der Preis der amerikanischen Filmakademie
b) Der Spitzname des Kameramanns
c) Das Maskottchen von Schwarzenegger

Von Leinwand und Mattscheibe

1 b) Vom Melmac

2 a) Udo Jürgens

3 a) Miss Piggy

4 c) Blau

5 c) King Kong

6 b) Oskar

7 a) Indien

8 b) Goldene Palme

9 c) Oliver Hardy

10 c) Walt Disney

11 a) Cutter

12 c) *Casablanca*

13 a) Der Preis der amerikanischen Filmakademie

Keine Angst vor Hexen, Geistern und Ungeheuern

1. Wie heißt der Tischler, bei dem Pumuckl wohnt?
   a) Meister Lampe
   b) Meister Eder
   c) Meister Bruno

2. Womit bewegen sich Hexen fort?
   a) Mit dem Fahrrad
   b) Auf dem Besen
   c) Auf einem fliegenden Teppich

3. Wann spuken die meisten Schlossgespenster am liebsten?
   a) Um Mitternacht
   b) Im Morgengrauen
   c) An Weihnachten

4. Wann verwandeln sich Menschen in Werwölfe?
a) Bei Nebel
b) Samstags
c) Bei Vollmond

5. Wo wohnt die böse Hexe aus *Hänsel und Gretel*?
a) Im Hotel
b) Im Knusperhäuschen
c) Im Wohnmobil

6. In welcher Nacht tanzen die Hexen am Blocksberg?
a) In der Walpurgisnacht
b) In der Blocksnacht
c) In der Zaubernacht

7. Wo schlafen Vampire?
a) In Schlafsäcken
b) In Särgen
c) Auf Bäumen

8. Womit verschreckt man Vampire?
a) Mit Knoblauch
b) Mit Spinat
c) Mit Linsensuppe

9. Wie heißt das Lebewesen, das in den Bergen des Himalaya wohnt?
a) Ungeheuer von Loch Ness
b) Rübezahl
c) Yeti

10. In welchem Land gibt es besonders viele Geister?
a) In Island
b) In Neuseeland
c) In Amerika

11. Welches Haustier gehört zu jeder richtigen Hexe?
a) Katze
b) Hund
c) Papagei

12. Wie heißt ein alter Zauberspruch?
a) Adebar
b) Abakus
c) Abrakadabra

13. In welchem Land liegt Transsylvanien, die Heimat der Vampire?
a) Schottland
b) Rumänien
c) Finnland

14. Welche Früchte werden an Halloween ausgehöhlt und als schreckliche Grimassen mit Kerzen von innen beleuchtet?
a) Melonen
b) Kürbisse
c) Kokosnüsse

Keine Angst vor Hexen, Geistern und Ungeheuern

1 a) Meister Eder

2 b) Auf dem Besen

3 a) Um Mitternacht

4 c) Bei Vollmond

5 b) Im Knusperhäuschen

6 a) In der Walpurgisnacht

7 b) In Särgen

8 a) Mit Knoblauch

9 c) Yeti

10 a) In Island

11 a) Katze

12 c) Abrakadabra

13 b) Rumänien

14 b) Kürbisse

Geldregen

1. Die Schweiz gehört zu den reichsten Ländern der Welt. Welche Währung wird dort benutzt?
   a) Schweizer Dollar
   b) Schweizer Franken
   c) Schweizer Mark

2. Wie nennt man den Lohn eines Schauspielers?
   a) Apanage
   b) Applaus
   c) Gage

3. Womit bezahlt man in Italien?
   a) Mit Lire
   b) Mit Moneten
   c) Mit Peseten

4. Wo lagern die USA ihre Goldreserven?
   a) In Fort Knox
   b) In Kap Canaveral
   c) In Sacramento

5. Was verkauft man, wenn man mit Rauchwaren handelt?
a) Zigaretten
b) Kachelöfen
c) Pelze und Felle

6. Wie heißt die japanische Landeswährung?
a) Ying
b) Yun
c) Yen

7. Welche Art Zins muss man bei einem überzogenen Konto bezahlen?
a) Sollzins
b) Habenzins
c) Mietzins

8. Was ist Kindergeld?
a) Geld, das die Kinder zum Spielen brauchen
b) Geld, das der Staat an Eltern mit Kindern zahlt
c) Taschengeld des Staates für alle Kinder

9. Was ist ein Denar?
a) Eine altrömische Münze
b) Eine Währungseinheit im Irak
c) Ein Münzstempel

10. Wie nennt man den Verbrauch von Waren des täglichen Bedarfs?

a) Monsun
b) Tonsur
c) Konsum

11. Was waren die kostbarsten Handelsgüter, die im 15. Jahrhundert aus Asien nach Europa kamen?

a) Bananen
b) Gewürze
c) Reis und Getreide

12. Welcher Vogel wird oft auf Münzen abgebildet?

a) Die Meise
b) Der Adler
c) Der Geier

13. Was hat die USA von Russland für 7,2 Millionen Dollar gekauft?

a) Tschaikowskys Notenmanuskripte
b) Eine alte Ikonensammlung
c) Alaska

Geldregen

1 b) Schweizer Franken

2 c) Gage

3 a) Mit Lire

4 a) In Fort Knox

5 c) Pelze und Felle

6 c) Yen

7 a) Sollzins

8 b) Geld, das der Staat an Eltern mit Kindern zahlt

9 a) Eine altrömische Münze

10 c) Konsum

11 b) Gewürze

12 b) Der Adler

13 c) Alaska

Von Rittern, Burgen und Turnieren

1. Was ist eine Kemenate in einer Burg?
a) Ein Vorratsraum
b) Ein Verlies
c) Das heizbare Frauengemach ✓

2. Was gehörte zur ritterlichen Ausbildung?
a) Das Zerlegen des Fleisches bei Tisch
b) Das Schmieden eines Schwertes
c) Das Erlernen eines Instrumentes

3. Welches Kleidungsstück warfen sich die Ritter als Zeichen der Herausforderung vor die Füße?
a) Den Mantel
b) Einen Handschuh
c) Den Hut

4. Wie heißt die Fahne des Burgherrn, die auf dem Bergfried flattert?
a) Wimpel
b) Stander
c) Banner

5. Was war die wichtigste Waffe des Ritters?
a) Das Schwert
b) Der Langbogen
c) Der Dolch

6. Wie werden die mittelalterlichen Sänger genannt, die hauptsächlich Liebeslieder an den Höfen vortrugen?
a) Minnesänger
b) Vokalisten
c) Barden

7. Was gehört nicht zur Ritterausrüstung?
a) Stachelkeule
b) Streithammer
c) Flinte

8. Wie nannte man die 7- bis 14-jährigen Knaben, die der Frau des Ritters dienten?
a) Knappen
b) Pagen
c) Paladine

9. Was ist ein Ringelhemd?
a) Ein zur Rüstung gehörendes Kettenhemd aus Eisenringen

b) Ein Ritternachthemd
c) Ein ledernes Schutzhemd

10. Wie bewegten sich Ritter in einer Rüstung fort?
a) Zu Fuß
b) Auf dem Pferd
c) Im Streitwagen

11. Welche Waffe verwendeten die Ritter zur Jagd?
a) Das Schwert
b) Die Streitaxt
c) Die Armbrust

12. Wozu wurden oft Wassergräben um die Burg angelegt?
a) Zur Fischzucht
b) Damit Eindringlinge sich nicht unter den Burgmauern durchgraben konnten
c) Damit der Abfall nicht so stinkt und schneller verrottet

13. Woran erkannte man einen Ritter mit geschlossenem Visier?
a) Am Wappen auf dem Schild oder auf der Fahne
b) An den Verzierungen seiner Rüstung
c) Sein Name war in den Helm eingraviert.

14. Wie hießen die Ritter in Japan?
a) Karateka
b) Kamikaze
c) Samurai

Von Rittern, Burgen und Turnieren

1 c) Das heizbare Frauengemach

2 a) Das Zerlegen des Fleisches bei Tisch

3 b) Einen Handschuh

4 c) Banner

5 a) Das Schwert

6 a) Minnesänger

7 c) Flinte

8 b) Pagen

9 a) Ein zur Rüstung gehörendes Kettenhemd aus Eisenringen

10 b) Auf dem Pferd

11 c) Die Armbrust

12 b) Damit Eindringlinge sich nicht unter den Burgmauern durchgraben konnten

13 a) Am Wappen auf dem Schild oder auf der Fahne

14 c) Samurai

Hauptsache gesund

1. Wie heißt die Tablette, die keinerlei Wirkstoffe enthält?
   a) Toxikum
   b) Infusion
   c) Placebo

2. Mit welchem Instrument kann ein Arzt in den menschlichen Körper schauen?
   a) Mit dem Stethoskop
   b) Mit dem Mikroskop
   c) Mit dem Endoskop

3. Welcher Facharzt befasst sich mit seelischen Störungen und Geisteskrankheiten?
   a) Der Psychiater
   b) Der Psychopath
   c) Der Neurologe

4. Wodurch wird eine Grippe hervorgerufen?
   a) Durch Viren
   b) Durch zu viel frische Luft
   c) Durch Süßigkeiten

5. Wovor hat ein Mensch, der eine Klaustrophobie hat, Angst?
a) Vor Spinnen
b) Vorm Karussellfahren
c) Vor geschlossenen Räumen

6. Mit welchem Mittel wurden früher die Menschen betäubt?
a) Mit Chlorophyll
b) Mit Chloroform
c) Mit Formalin

7. Was ist ein Stethoskop?
a) Ein medizinisches Vergrößerungsglas
b) Ein modernes Hörrohr zur Kontrolle von Körpergeräuschen
c) Ein Röntgengerät

8. Was bewirkt ein Herzschrittmacher?
a) Dass man richtig laufen kann
b) Dass man gleichmäßig atmen kann
c) Dass der Herzschlag normalisiert wird

9. WER WAR'S?
Er war Seelsorger und kümmerte sich auch um die Gesundheit des Körpers. Sein Wasserheilverfahren findet heute in vielen Kurorten Verwendung.
a) Sebastian Kneipp
b) Dr. Eisenbart
c) Louis Pasteur

10. Welche Krankheit heißt wie ein Fluss?
a) Cholera
b) Ruhr
c) Mumps

11. Wie nennt man den Zustand längerer Bewusstlosigkeit?
a) Koma
b) Trance
c) Hypnose

12. Welche Bürsten zur Körperpflege haben die Chinesen erfunden?
a) Die Zahnbürsten
b) Die Haarbürsten
c) Die Rückenbürsten

Hauptsache gesund

1 c) Placebo

2 c) Mit dem Endoskop

3 a) Der Psychiater

4 a) Durch Viren

5 c) Vor geschlossenen Räumen

6 b) Mit Chloroform

7 b) Ein modernes Hörrohr zur Kontrolle von Körpergeräuschen

8 c) Dass der Herzschlag normalisiert wird

9 a) Sebastian Kneipp

10 b) Ruhr

11 a) Koma

12 a) Die Zahnbürsten

Aus aller Welt

1. Welcher Erdteil liegt am weitesten im Süden?
   a) Die Antarktis
   b) Neuseeland
   c) Afrika

2. Welche Linie bezeichnet den größten Erdumfang?
   a) Der Äquator
   b) Der Meridian
   c) Die Erdachse

3. Was braucht man unbedingt, wenn man eine Weltreise machen möchte?
   a) Eine Weltkarte
   b) Eine Kreditkarte
   c) Einen Reisepass

4. Wie heißt eine berühmte ägyptische Pyramide?
   a) Hiobspyramide
   b) Cheopspyramide
   c) Kleospyramide

5. Wie viele Nachbarländer hat China
   a) Eines
   b) Sechzehn
   c) Zweiundzwanzig

6. Welche Farben sind auf der dänischen Flagge zu sehen?
a) Rot und Weiß
b) Blau, Grün und Rot
c) Gelb und Schwarz

7. Wie heißt die Felsenhöhle, die man auf der Insel Capri besichtigen kann?
a) Blaue Grotte
b) Silberhöhle
c) Stirnhöhle

8. Was ist auf der türkischen Flagge abgebildet?
a) Sonne und Stern
b) Halbmond und Stern
c) Vollmond und Wolke

9. Was sind die Wahrzeichen der Niederlande?
a) Fernsehtürme
b) Wolkenkratzer
c) Windmühlen

10. WER WAR'S?
Er entstammte einer angesehenen italienischen Kaufmannsfamilie. Er reiste bis nach China und kehrte mit großen Reichtümern zurück. Im Gefängnis von Venedig diktierte er seinen Reisebericht.
a) Sven Hedin
b) Marco Polo
c) Enrico Caruso

11. Welche Farbe hat der Golfstrom?
a) Grün
b) Tiefblau
c) Gelbbraun

12. Welche Erdteile trennt die Türkei?
a) Europa und Amerika
b) Asien und Afrika
c) Asien und Europa

13. In welcher Gegend der Erde geht die Sonne genau im Süden auf?
a) Am Nordpol
b) Am Äquator
c) In Afrika

14. Welches Land ist in Kantone gegliedert?
a) China
b) Finnland
c) Die Schweiz

15. Nach wem wurde Amerika benannt?
a) Nach Amerigo Vespucci
b) Nach Christoph Kolumbus
c) Nach den Ureinwohnern

Aus aller Welt

1 a) Die Antarktis

2 a) Der Äquator

3 c) Einen Reisepass

4 b) Cheopspyramide

5 b) Sechzehn

6 a) Rot und Weiß

7 a) Blaue Grotte

8 b) Halbmond und Stern

9 c) Windmühlen

10 b) Marco Polo

11 b) Tiefblau

12 c) Asien und Europa

13 a) Am Nordpol

14 c) Die Schweiz

15 a) Nach Amerigo Vespucci

Ungewöhnliche Haustiere

1. Wie alt wurde das älteste Pferd nachgewiesenermaßen?
a) 42 Jahre
b) 62 Jahre
c) 82 Jahre

2. Wie groß war der kleinste Hund, ein Yorkshireterrier (Schulterhöhe)?
a) 6,3 Zentimeter
b) 10,5 Zentimeter
c) 15,3 Zentimeter

3. In welchem Land sind die Kühe heilig?
a) In der Schweiz
b) In Südafrika
c) In Indien

4. Wie viele Schafe leben in Australien auf der größten Schaffarm der Welt ?

a) 10 000
b) 35 000
c) 70 000

5. Wer trägt bei den Rentieren ein Geweih?

a) Die Männchen
b) Die Weibchen
c) Beide

6. Welche Hunde haben eine bläuliche Zunge?

a) Die Pekinesen
b) Die Chow-Chows √
c) Die Dalmatiner

7. Wie viele Beine besitzt ein Floh?

a) Vier
b) Sechs
c) Acht

8. Welches Haustier war den Ägyptern heilig?

a) Die Katze √
b) Das Meerschweinchen
c) Der Esel

9. Welches Wildrind wird in Tibet auch als Haustier gehalten?

a) Der Jak
b) Der Bison
c) Das Ren

10. Welche Hunde werden als Suchhunde in den Bergen eingesetzt?
a) Pudel
b) Dackel
c) Bernhardiner ✓

11. Was war das erste Haustier des Menschen?
a) Die Kuh
b) Der Hund✓
c) Der Wellensittich

Ungewöhnliche Haustiere

1 b) 62 Jahre

2 a) 6,3 Zentimeter

3 c) In Indien

4 c) 70 000

5 c) Beide

6 b) Die Chow-Chows

7 b) Sechs

8 a) Die Katze

9 a) Der Jak

10 c) Bernhardiner

11 b) Der Hund

Allerlei Zeitvertreib

1. Welches Objektiv benutzt man, um einen entfernten kleinen Gegenstand zu fotografieren?
   a) Ein Mikroskop
   b) Ein Weitwinkelobjektiv
   c) Ein Teleobjektiv

2. Wo steht die älteste Achterbahn der Welt?
   a) Im Wiener Prater
   b) In Kopenhagen im Tivoli
   c) Auf der Reeperbahn in Hamburg

3. Was sammelt ein Phillumenist?
   a) Bierdeckel
   b) Kronkorken
   c) Zündholzschachteln

4. Bei welchem Hobby braucht man ein Tutu?
   a) Beim Stricken
   b) Beim Steinesammeln
   c) Beim Ballett

5. Welches Material wird bei Origami benutzt?
   a) Bast
   b) Papier
   c) Ton

6. Zu welchem Freizeitsport braucht man Blinker?
a) Zum Angeln
b) Zum Gokartfahren
c) Zum Jagen

7. Welches Hobby pflegten die Brüder Montgolfier?
a) Bergsteigen
b) Golfspielen
c) Ballonfliegen

8. Wie heißt ein aus Australien stammendes Wurfholz?
a) Keule
b) Diskus
c) Bumerang

9. Was ist Ikebana?
a) Die Kunst des Blumensteckens
b) Die Kunst des Papierfaltens
c) Die japanische Kochkunst

10. Wie heißt der größte Vergnügungspark Europas?
a) Hydepark
b) Legoland
c) Euro Disneyland

Allerlei Zeitvertreib

1 c) Ein Teleobjektiv

2 b) In Kopenhagen im Tivoli

3 c) Zündholzschachteln

4 c) Beim Ballett

5 b) Papier

6 a) Zum Angeln

7 c) Ballonfliegen

8 c) Bumerang

9 a) Die Kunst des Blumensteckens

10 c) Euro Disneyland

Viele bunte Kleider

1. Wohin sollte man die wärmere Kleidung mitnehmen?
a) Zum Nordpol
b) Zum Südpol ✓
c) Nach Island

2. Welche Textilfaser wird von Schmetterlingsraupen gesponnen?
a) Viskose
b) Seide ✓
c) Leinen

3. Welches Kleidungsteil wurde 1913 von einem schwedischen Ingenieur erfunden?
a) Die Windjacke
b) Der Druckknopf
c) Der Reißverschluss

4. Was muss man ablegen, wenn man eine japanische Wohnung betritt?
a) Die Jacke
b) Die Schuhe
c) Die Kopfbedeckung

5. Von welcher Tierart stammt das Fell eines Chinchillamantels?
a) Von Ratten
b) Von Kängurus
c) Von Füchsen

6. Was ist ein Kimono?
a) Ein japanisches Gewand
b) Ein afrikanischer Schal
c) Ein Skianzug

7. In welchem europäischen Land trägt man Kilts?
a) In Island
b) In Schottland
c) In der Türkei

8. An welchem Kleidungsteil erkennt man einen Judo-Meister?
a) Am Gürtel
b) An der Jacke
c) Am Stirnband

9. Welche Schuhe gehören zur holländischen Tracht?
a) Gummistiefel
b) Sandalen
c) Holzschuhe

10. Was bedeutet bei Kleidung das Wort *uni*?
a) Das Kleidungsstück gehört zu einer Uniform.
b) Das Kleidungsstück wird von Studenten bevorzugt.
c) Das Kleidungsstück ist einfarbig.

11. Welches Kleidungsstück heißt wie ein spanischer Tanz?
a) Flamenco
b) Bolero
c) Fandango

12. Von welchem Tier stammt Kaschmirwolle?
a) Von der Ziege
b) Vom Bison
c) Vom Nerz

13. Womit hat man sich schon vor ungefähr 30000 Jahren bekleidet?
a) Mit Wolle
b) Mit Federn
c) Mit Tierfellen

14. Wie heißt das kunstvoll gewickelte Gewand der Inderin?
a) Sari
b) Toga
c) Negligé

Viele bunte Kleider

1 b) Zum Südpol

2 b) Seide

3 c) Der Reißverschluss

4 b) Die Schuhe

5 a) Von Ratten

6 a) Ein japanisches Gewand

7 b) In Schottland

8 a) Am Gürtel

9 c) Holzschuhe

10 c) Das Kleidungsstück ist einfarbig.

11 b) Bolero

12 a) Von der Ziege

13 c) Mit Tierfellen

14 a) Sari

Unendliche Weiten

1. Welche Maßeinheit wird für die Entfernung zwischen zwei Objekten im Universum benutzt?
   a) Kilometer
   b) Nanometer
   c) Lichtjahr

2. Mit welchem Instrument schaut man zu den Sternen?
   a) Mit dem Teleskop
   b) Mit dem Kaleidoskop
   c) Mit dem Horoskop

3. Wie heißen Leute, die aus der Stellung der Gestirne die Zukunft vorhersagen ?
   a) Astronauten
   b) Astrologen
   c) Astronomen

4. Welches Tier mit Namen Laika war das erste Lebewesen im Weltall?
   a) Ein Affe
   b) Ein Hund
   c) Eine Ratte

5. Was ist bei der Sommersonnenwende am kürzesten?
a) Die Nacht
b) Der Tag
c) Tag und Nacht sind gleich lang

6. Woraus besteht die Sonne?
a) Aus heißen Gesteinen
b) Aus heißen Flüssigkeiten
c) Aus heißen Gasen

7. Wo kann man die Erscheinung des Polarlichts nur sehen?
a) In Polen
b) Am Nord- und am Südpol
c) Bei der Verbindung der beiden Pole eines Stromkreises

8. Wodurch entstehen zeitweise schwarze Flecken auf der Sonne?
a) Durch magnetische Stürme
b) Durch Explosionen
c) Durch vorbeiziehende Satelliten

9. Welche Form bildet die Bahn des Mondes um die Erde?
a) Eine Ellipse
b) Eine Acht
c) Einen Kreis

10. Warum entweicht die Luft nicht ins Weltall ?
a) Weil sie durch eine äußere Wolkenschicht eingegrenzt wird
b) Weil sie durch die Erdanziehung daran gehindert wird
c) Weil im Weltall Überdruck herrscht

11. Wie nennen Himmelskundler die Milchstraße?
a) Galerie
b) Galeere
c) Galaxis

12. Wie lange braucht die Erde, um sich einmal um ihre Achse zu drehen?
a) Einen Tag
b) Einen Monat
c) Ein Jahr

13. Was ist das Zentrum unseres Sonnensystems?
a) Die Erde
b) Die Sonne
c) Die Milchstraße

14. Wann steht der Mond im Schatten der Erde?
a) Bei einer Sonnenfinsternis
b) Bei Vollmond
c) Bei einer Mondfinsternis

Unendliche Weiten

1 c) Lichtjahr

2 a) Mit dem Teleskop

3 b) Astrologen

4 b) Ein Hund

5 a) Die Nacht

6 c) Aus heißen Gasen

7 b) Am Nord- und am Südpol

8 a) Durch magnetische Stürme

9 a) Eine Ellipse

10 b) Weil sie durch die Erdanziehung daran gehindert wird

11 c) Galaxis

12 a) Einen Tag

13 b) Die Sonne

14 c) Bei einer Mondfinsternis

Sportsfreunde

1. Unter welchen Bedingungen fliegt ein Diskus weiter?
a) Bei Gegenwind
b) Bei Rückenwind
c) Bei Sonnenschein

2. Was darf der Fußballtorwart vor dem Elfmeterschuss nicht bewegen?
a) Seine Arme
b) Seine Füße
c) Seinen Kopf

3. Woraus besteht das Spielfeld beim Curling?
a) Aus Holz
b) Aus Gras
c) Aus Eis

4. Aus welchem Land kommen die Skateboards?
a) Aus England
b) Aus Australien
c) Aus den USA

5. Welchen Namen hat das Fechten mit Bambusschwertern?
a) Kendo
b) Judo
c) Karate

6. Wie heißt ein Fehlwurf beim Kegeln?
a) Pudel
b) Niete
c) Versager

7. Welches Spiel wird ohne Netz gespielt?
a) Badminton
b) Squash
c) Tennis

8. Wie nennt man einen Bootswettkampf?
a) Fregatte
b) Derby
c) Regatta

9. Wie sieht das Trikot des »Bergkönigs« der Tour de France aus?
a) Weiß mit roten Punkten
b) Blau und grün gestreift
c) Einfarbig gelb

10. Wie heißt der japanische Nationalsport?
a) Sumo
b) Harakiri
c) Karaoke

11. Was sind Darts?
a) Hartgummischeiben beim Eishockey
b) Wurfpfeile
c) Kugeln beim Billard

12. Was ist ein Slick?
a) Ein profilloser Rennreifen
b) Ein Fehlschlag beim Golf
c) Eine Schlammpfütze beim Querfeldeinrennen

13. Was sind Oxer?
a) Bullen für den Stierkampf
b) Besonders schnittige Kajaks
c) Hindernisse beim Springreiten

14. Bei welchem Sport kann eine Todesspirale ausgeführt werden?
a) Beim Paarlauf
b) Beim Turmspringen
c) Beim Kunstfliegen

15. Woher stammt das Golfspiel?
a) Aus den Golfstaaten
b) Aus Schottland
c) Aus Australien

16. Welches Ballspiel benötigt das größte Spielfeld?
a) Fußball
b) Volleyball
c) Polo

17. Welches Land in Europa hat die kürzeste Fußball-saison?
a) Island
b) Spanien
c) Dänemark

18. Welche Disziplin gehört nicht zum Fünfkampf?
a) Kugelstoßen
b) Hindernislauf
c) Weitsprung

19. Womit ist ein Medizinball gefüllt?
a) Mit Luft
b) Mit Sand
c) Mit Wildhaaren

20. Wie weit reicht eine Kurzstrecke im Laufsport?
a) 100 Meter
b) 400 Meter
c) 1000 Meter

21. Was ist ein Skeleton?
a) Ein Sportschlitten
b) Ein Knieschützer
c) Ein sehr leichtes Rennrad

22. Was gehört außer Laufen und Schwimmen noch zum Triathlon?
a) Fliegen
b) Fahrradfahren
c) Schießen

23. Zu welcher Pferdesportart gehört der Sulky?
a) Zum Polo
b) Zum Dressurreiten
c) Zum Trabrennen

Sportsfreunde

1 a) Bei Gegenwind

2 b) Seine Füße

3 c) Aus Eis

4 c) Aus den USA

5 a) Kendo

6 a) Pudel

7 b) Squash

8 c) Regatta

9 a) Weiß mit roten Punkten

10 a) Sumo

11 b) Wurfpfeile

12 a) Ein profilloser Rennreifen

13 c) Hindernisse beim Springreiten

14 a) Beim Paarlauf

15 b) Aus Schottland

16 c) Polo

17 a) Island

18 b) Hindernislauf

19 c) Mit Wildhaaren

20 b) 400 Meter

21 a) Ein Sportschlitten

22 b) Fahrradfahren

23 c) Zum Trabrennen

Manege frei!

1. Wer braucht im Zirkus ein Trapez?
a) Die Elefanten
b) Die Artisten
c) Die Clowns

2. Was war Charlie Rivel?
a) Clown
b) Magier
c) Zirkusdirektor

3. Wie heißt die Bühne im Zirkus?
a) Arena
b) Sandbahn
c) Manege

4. Wo gibt es den ältesten ständigen Zirkus?
a) In München
b) In Paris
c) In Moskau

5. Was ist der Piccadilly Circus?
a) Ein Platz in London
b) Ein englischer Wanderzirkus
c) Eine römische Arena

6. Wie heißt der Künstler, der sich mit einer Puppe unterhält?
   a) Dompteur
   b) Bauchredner
   c) Jongleur

7. Wie nennt man den Zirkusartisten, der sich mit nacktem Oberkörper auf ein Nagelbrett legt?
   a) Imitator
   b) Illusionist
   c) Fakir

8. Wer benutzt das Wort »Abrakadabra«?
   a) Der Pantomime
   b) Der Messerwerfer
   c) Der Zauberer

9. Wie heißt der Tierlehrer, der mit Elefanten, Menschenaffen und anderen Tieren arbeitet?
   a) Dresseur
   b) Dompteur
   c) Akrobat

10. Was ist der Sattelgang?
    a) Die besondere Gangart eines Zirkuspferdes
    b) Der Raum hinter der Manege, in dem sich die Artisten auf ihren Auftritt vorbereiten
    c) Das Gestell, auf dem die Pferdesättel aufgehängt werden

Manege frei!

1 b) Die Artisten

2 a) Clown

3 c) Manege

4 b) In Paris

5 a) Ein Platz in London

6 b) Bauchredner

7 c) Fakir

8 c) Der Zauberer

9 a) Dresseur

10 b) Der Raum hinter der Manege, in dem sich die Artisten auf ihren Auftritt vorbereiten

Für Leseratten

1. Was für ein Wesen ist Momo?
   a) Ein Mädchen
   b) Eine Schildkröte
   c) Ein Riese

2. Wohin fahren Jim Knopf und Lukas, der Lokomotivführer, als sie Lummerland verlassen?
   a) Nach Afrika
   b) Nach China
   c) Nach Amerika

3. Wie heißt der kleine Junge aus Lönneberga, der gerne Streiche ausheckt?
   a) Karlsson
   b) Pelle
   c) Michel

4. Wie heißt das Haus von Pippi Langstrumpf?
a) Schloss Schreckenstein
b) Villa Bullerbü
c) Villa Kunterbunt

5. Wer sind die drei Fragezeichen?
a) Detektive
b) Pfadfinder
c) Eine Musikgruppe

6. In welcher Stadt sind Emil und die Detektive auf der Jagd nach dem Gelddieb?
a) In Berlin
b) In Frankfurt
c) In München

7. Welcher Schriftsteller hat »Don Quijote« verfasst?
a) Jonathan Swift
b) Gilbert O'Sullivan
c) Miguel Cervantes

8. Wer war Oliver Twist?
a) Ein Waisenjunge
b) Ein Detektiv
c) Der Erfinder des nach ihm benannten Tanzes

9. Wie heißt der Junge, der nie erwachsen werden möchte und der drei Kinder ins Nirgendland entführt?
a) Pan Tau
b) Peter Pan
c) Nils Holgersson

10. Wie heißt Robinson Crusoes Gefährte?
a) Montag
b) Freitag
c) Sonntag

11. Wer war Herr Nilsson?
a) Tarzans Affe
b) Pippi Langstrumpfs Affe
c) Michels Hund

12. Was ist Mary Poppins von Beruf?
a) Kindermädchen
b) Lehrerin
c) Krankenschwester

13. Wie hieß der Mann, der Sherlock Holmes bei seinen Untersuchungen half?
a) Mark Twain
b) Dr. Jekyll
c) Dr. Watson

14. Welches Buch ist das meistverkaufte auf der ganzen Welt?
a) Die Bibel
b) Das Guinnessbuch der Rekorde
c) Das chinesische Kochbuch

15. Was haben Max und Moritz angesägt?
a) Einen Ast
b) Einen Stuhl
c) Eine Brücke

16. Wer ritt auf einer Kanonenkugel durch die Lüfte?
a) Till Eulenspiegel
b) Baron von Münchhausen
c) Don Quijote

17. Wohin führte Peterchens große Fahrt?
a) Zum Mond
b) Zum Mars
c) Zur Sonne

18. Welches Mädchen reiste ins Wunderland?
a) Pippi Langstrumpf
b) Heidi
c) Alice

19. Was schoss Wilhelm Tell vom Kopf seines Sohnes?
a) Einen Vogel
b) Einen Apfel
c) Einen Hut

Für Leseratten

1 a) Ein Mädchen

2 b) Nach China

3 c) Michel

4 c) Villa Kunterbunt

5 a) Detektive

6 a) In Berlin

7 c) Miguel Cervantes

8 a) Ein Waisenjunge

9 b) Peter Pan

10 b) Freitag

11 b) Pippi Langstrumpfs Affe

12 a) Kindermädchen

13 c) Dr. Watson

14 a) Die Bibel

15 c) Eine Brücke

16 b) Baron von Münchhausen

17 a) Zum Mond

18 c) Alice

19 b) Einen Apfel

Es war einmal . . .

1. Was muss Aladin dreimal reiben, wenn er einen hilfreichen Geist herbeirufen will?
a) Eine Lampe
b) Die Hände
c) Einen Ring

2. Wer wohnt bei den sieben Zwergen?
a) Schneeweißchen
b) Schneewittchen
c) Dornröschen

3. Wo versteckt sich das siebte Geißlein, um dem Wolf zu entkommen?
a) Auf dem Dachboden
b) Unter dem Bett
c) Im Uhrenkasten

4. Wem soll Rotkäppchen den Korb mit Kuchen und Wein bringen?
a) Dem Förster
b) Dem Wolf
c) Der Großmutter

5. Wie heißt das Mädchen, das sein Haar an einem Turm herunterlässt?
a) Aschenputtel
b) Dornröschen
c) Rapunzel

6. Woher hat der kleine Däumling seinen Namen?
a) Sein Vater hieß auch so.
b) Er lutschte gerne am Daumen.
c) Er war nicht größer als ein Daumen.

7. Welchen Beruf hat der erlernt, der einen Gürtel trägt, auf dem steht: »Sieben auf einen Streich«?
a) Müller
b) Schneider
c) Anstreicher

8. Welches Tier trägt maßgeschneiderte Stiefel?
a) Ein Hund
b) Ein Kater
c) Ein Bär

9. Was spürt eine Prinzessin sogar durch einen Berg Matratzen und Daunendecken?
a) Eine Wärmflasche
b) Eine Erbse
c) Eine Sprungfeder

10. In welchem Gebirge hauste Rübezahl?
a) Im Siebengebirge
b) Im Riesengebirge
c) Im Erzgebirge

11. Womit vergiftete die eifersüchtige Stiefmutter Schneewittchen?
a) Mit einem Apfel
b) Mit einem Zaubertrank
c) Mit Tollkirschen

12. Wie starb Rumpelstilzchen?
a) Er stach sich an einer giftigen Spindel.
b) Er riss sich vor Wut entzwei.
c) Er fiel in einen Brunnen.

13. WER WAR'S?
Er lebte im vorigen Jahrhundert in Dänemark. Er schrieb Märchen, die auch für Erwachsene bestimmt waren. Seine bekanntesten sind *Das hässliche junge Entlein* und *Die Prinzessin auf der Erbse*.
a) Hans Christian Andersen
b) Ludwig Tieck
c) Wilhelm Hauff

Es war einmal . . .

1 a) Eine Lampe

2 b) Schneewittchen

3 c) Im Uhrenkasten

4 c) Der Großmutter

5 c) Rapunzel

6 c) Er war nicht größer als ein Daumen.

7 b) Schneider

8 b) Ein Kater

9 b) Eine Erbse

10 b) Im Riesengebirge

11 a) Mit einem Apfel

12 b) Er riss sich vor Wut entzwei.

13 a) Hans Christian Andersen

Das Meer und seine Bewohner

1. Welches sind keine Fische?
   a) Silberfischchen
   b) Muränen
   c) Schwalbenfische

2. Wo haben Wale und Delfine ihre Nase?
   a) Auf dem Kopf
   b) Über ihrem Maul
   c) Als Kiemen hinter dem Kopf

3. Was ist das Besondere bei Walen und Delfinen?
   a) Sie können unter Wasser atmen.
   b) Sie können sich auch auf dem Land gut fortbewegen.
   c) Sie können unter Wasser Milch trinken.

4. Welches Meerestier hat Augen mit einem Durchmesser von bis zu 40 Zentimetern?
   a) Der Pottwal
   b) Der See-Elefant
   c) Der Riesentintenfisch

5. Was ist das besondere Kennzeichen des Narwals?
a) Ein dolchartiger Stoßzahn mit durchschnittlich 2 m Länge
b) Eine schwertartige Rückenfinne
c) Er hat etwa 400 Haare auf dem Kopf.

6. Wie heißen die Fische, die sich stark aufblähen, um nicht gefressen zu werden?
a) Mondfische
b) Kugelfische
c) Blähfische

7. Wodurch atmet der Krebs?
a) Durch Lungen
b) Durch Tracheen
c) Durch Kiemen

8. Wodurch kommen Meereswellen zu Stande?
a) Durch Winde
b) Durch Seebeben
c) Durch Fischschwärme

9. Wie fangen Tiefseefische ihre Beute?
a) Sie vergiften und lähmen ihre Opfer.
b) Sie schwimmen mit offenem Maul und schlucken alles, was ihnen in die Quere kommt.
c) Sie jagen ihre Beute.

10. Was ist das Tote Meer?

a) Ein verseuchter Teil des Atlantiks

b) Ein vegetationsloser Salzsee in Israel

c) Vereistes Meerwasser in der Antarktis

Das Meer und seine Bewohner

1 a) Silberfischchen

2 a) Auf dem Kopf

3 c) Sie können unter Wasser Milch trinken.

4 c) Der Riesentintenfisch

5 a) Ein dolchartiger Stoßzahn mit durchschnittlich 2 m Länge

6 b) Kugelfische

7 b) Durch Tracheen

8 a) Durch Winde

9 b) Sie schwimmen mit offenem Maul und schlucken alles, was ihnen in die Quere kommt.

10 b) Ein vegetationsloser Salzsee in Israel

Spaß an Musik

1. Wie heißt der italienische Nationaltanz?
   a) Tango
   b) Flamenco
   c) Tarantella

2. Welches Musikinstrument beherrschte Albert Schweitzer?
   a) Orgel
   b) Schlagzeug
   c) Blockflöte

3. Wie heißt der Leiter eines Orchesters?
   a) Direktor
   b) Kantor
   c) Dirigent

4. Wie heißt das Haus Richard Wagners, das noch heute in Bayreuth zu besichtigen ist?
   a) Villa Siegfried
   b) Haus Wahnfried
   c) Villa Cosima

5. Von welchem Tier stammen die Haare eines Geigenbogens?
a) Vom Schottischen Hochlandrind
b) Vom Merinoschaf
c) Vom Pferd

6. Womit machen die Menschen in Trinidad ihre Tanzmusik?
a) Mit leeren Ölfässern
b) Mit gefüllten Wasserflaschen
c) Mit ausgehöhlten Kokosnüssen

7. Wie heißt die Handtrommel, die rundherum Schellen hat?
a) Trampolin
b) Tamburin
c) Bongo

8. Welches Musical wird auf Rollschuhen gespielt?
a) *Cats*
b) *Phantom der Oper*
c) *Starlight Express*

9. Wie viele Grifflöcher hat eine Panflöte?
a) Gar keine
b) Fünf
c) Neun

10. Was versteht man unter einem absoluten Gehör?
a) Die Fähigkeit, Töne ohne Hilfsmittel in ihrer richtigen Höhe zu bestimmen und anzugeben
b) Die Fähigkeit, alle falsch gespielten Töne eines Musikstückes herauszuhören
c) Die Fähigkeit, die feinsten Geräusche und Töne zu hören

11. Wo sucht ein Geiger einen Frosch?
a) In seinem Hals
b) Am unteren Ende des Geigenbogens
c) In den Schalllöchern der Geige

12. Was ist ein Konservatorium?
a) Ein Musikinstrumentenmuseum
b) Eine Schallplattensammlung
c) Eine Musikfachschule

13. Was ist ein Potpourri?
a) Eine Zusammenstellung verschiedenartiger, durch Übergänge verbundener Musikstücke
b) Ein gemischter Chor
c) Ein französischer Tanz

14. Welches Gerät konnte als Erstes Töne aufzeichnen und wiedergeben?
a) Der Tonabnehmer
b) Der Kassettenrekorder
c) Der Fonograf

15. Was ist atonale Musik?

a) Musik, die sich auf keine Tonart festlegen lässt
b) Musik ohne Ton
c) Musik ohne Lautsprecher

16. Was versteht man unter Programm-Musik?

a) Ein außermusikalischer Inhalt wird lautmalerisch wiedergegeben.
b) Ein Konzert, dessen Ablauf in einem Programmheft steht
c) Die Musik eines bestimmten Fernsehprogramms

17. WER WAR'S?

Er stammte aus einer sehr musikalischen Familie. Er wurde Hoforganist und Konzertmeister in Weimar und später Kantor an der Thomaskirche in Leipzig. Sehr bekannt unter seinen zahlreichen Kompositionen ist das *Wohltemperierte Klavier* und das *Weihnachtsoratorium* für Chor und Orchester.

a) Heinrich Schütz
b) Ludwig van Beethoven
c) Johann Sebastian Bach

18. Was ist ein Klavierauszug?

a) Ein Umzug mit einem Klavier
b) Eine ausziehbare Notenablage am Klavier
c) Zusammenfassung wichtiger Stimmen einer Komposition für das Klavier

19. Was bedeutet ein Kreuz vor einer Note?
a) Die Note wird um einen halben Ton erhöht.
b) Die Note kann auch weggelassen werden.
c) Die Note ist besonders laut zu spielen.

20. Wie nennt man ein gesungenes erzählendes Gedicht?
a) Arie
b) Ballade
c) Schlager

21. Wer komponierte das Musical *West Side Story*?
a) Ludwig van Beethoven
b) Udo Jürgens
c) Leonard Bernstein

22. Woraus besteht ein Schofar?
a) Aus einem Widderhorn
b) Aus einem Schildkrötenpanzer
c) Aus einer ausgehöhlten Kokosnuss

Spaß an Musik

1 c) Tarantella

2 a) Orgel

3 c) Dirigent

4 b) Haus Wahnfried

5 c) Vom Pferd

6 a) Mit leeren Ölfässern

7 b) Tamburin

8 c) *Starlight Express*

9 a) Gar keine

10 a) Die Fähigkeit, Töne ohne Hilfsmittel in ihrer richtigen Höhe zu bestimmen und anzugeben

11 b) Am unteren Ende des Geigenbogens

12 c) Eine Musikfachschule

13 a) Eine Zusammenstellung verschiedenartiger, durch Übergänge verbundener Musikstücke

14 c) Der Fonograf

15 a) Musik, die sich auf keine Tonart festlegen lässt

16 a) Ein außermusikalischer Inhalt wird lautmalerisch wiedergegeben.

17 c) Johann Sebastian Bach

18 c) Zusammenfassung wichtiger Stimmen einer Komposition für das Klavier

19 a) Die Note wird um einen halben Ton erhöht.

20 b) Ballade

21 c) Leonard Bernstein

22 a) Aus einem Widderhorn

Es grünt so grün

1. Wie hoch kann Bambus werden?
a) 10 Meter
b) 20 Meter
c) 40 Meter

2. Welche Blumen werden in Holland seit Jahrhunderten angebaut?
a) Rosen
b) Tulpen
c) Nelken

3. Die Rafflesia blüht alle zehn Jahre und hat die größte Blüte aller Pflanzen. Wonach riecht diese Blüte?
a) Nach Pferdemist
b) Nach einem süßen Parfüm
c) Nach verwesendem Fleisch

4. Wie nennt man die Blüten von Weidenbäumen?
a) Kätzchen
b) Dolden
c) Rispen

5. Welche Fruchtart ist ein Kürbis?
a) Eine Beere
b) Eine Nuss
c) Eine Hülsenfrucht

6. Welche Baumblüte hat in Japan eine große Bedeutung?
a) Die Kastanienblüte
b) Die Lindenblüte
c) Die Kirschblüte

7. Mit welchem Fremdwort bezeichnet man die Pflanzenwelt?
a) Flora
b) Fiona
c) Fauna

8. Was sind Sukkulenten?
a) Wasserpflanzen
b) Trockenblumen
c) Wasserspeichernde Pflanzen

9. Von welcher Pflanzenart wird Vanille gewonnen?
a) Von Orchideen
b) Von Kakteen
c) Von Ziersträuchern

10. Wie nennt man die Kunst, Zwergbäume zu ziehen?
a) Ikebana
b) Bonsai
c) Origami

11. Welche Zitrusfrucht ist nach einem chinesischen Beamtentitel benannt?
a) Die Mandarine
b) Die Clementine
c) Die Satsuma

12. Welche dieser Rosen ist wirklich eine Rose?
a) Teerose
b) Seerose
c) Neurose

13. Mit welchem weiblichen Vornamen wird Heidekraut bezeichnet?
a) Barbara
b) Erika
c) Flora

14. Woran kann man sich bei Rosen stechen?
a) An den Dornen
b) An den Stacheln
c) An den Blättern

15. Wie nennt man zapfentragende Nadelhölzer?
a) Koryphäen
b) Cornichon
c) Koniferen

16. An welchen Pflanzen wachsen Datteln?

a) An Palmen
b) An Sträuchern
c) An Kakteen

17. Was ist das Besondere an der Lärche?

a) Sie wirft im Winter die Nadeln ab.
b) Sie hat die längsten Nadeln aller Nadelbäume.
c) Sie trägt keine Zapfen.

18. Woran kann man das Alter von Bäumen erkennen?

a) An ihrer Größe
b) An der Farbe der Blätter oder Nadeln
c) An den Jahresringen, die am durchgesägten Stamm gezählt werden können

Es grünt so grün

1 c) 40 Meter

2 b) Tulpen

3 c) Nach verwesendem Fleisch

4 a) Kätzchen

5 a) Eine Beere

6 c) Die Kirschblüte

7 a) Als Flora

8 c) Wasserspeichernde Pflanzen

9 a) Von Orchideen

10 b) Bonsai

11 a) Die Mandarine

12 a) Teerose

13 b) Erika

14 b) An den Stacheln

15 c) Koniferen

16 a) An Palmen

17 a) Sie wirft im Winter die Nadeln ab.

18 c) An den Jahresringen, die am durchgesägten Stamm gezählt werden können

Wettervorhersage

1. Wie heißen amerikanische Schneestürme?
   a) Blizzard
   b) Lizard
   c) Whizzer

2. Was kann man mit einem Anemometer messen?
   a) Die Windgeschwindigkeit
   b) Die Niederschlagsmenge
   c) Die Wolkendicke

3. Wo weht der Mistral?
   a) Im Kuhstall
   b) In der Wüste
   c) In Südfrankreich

4. Wie heißt ein Fachmann für Wetterkunde und Wettervorhersage?
   a) Metronom
   b) Meteorologe
   c) Meterologe

5. Was sind Isothermen?
   a) Linien auf der Wetterkarte, die Orte gleicher Temperatur miteinander verbinden
   b) Warme Quellen, die das Klima beeinflussen

c) Gleichmäßige Winde

6. Warum gibt es auf dem Mond kein Wetter?
   a) Weil er zu klein ist
   b) Weil er keine Lufthülle hat
   c) Weil die Sonne zu weit weg ist

7. Was misst ein Barometer?
   a) Die Temperatur
   b) Die Luftfeuchtigkeit
   c) Den Luftdruck

8. Was beeinflusst unser Wetter am meisten?
   a) Die Meere
   b) Die Sonne
   c) Die Sterne

9. Wie heißt die Mehrzahl von Klima?
   a) Klimata
   b) Klimas
   c) Klimen

10. Wodurch entstehen bei ruhiger Luft plötzlich Wellen auf Seen?
   a) Durch starke Schwankungen der Wassertemperatur
   b) Durch unregelmäßige Niederschläge
   c) Durch Veränderungen im Luftdruck

Wettervorhersage

1 a) Blizzard

2 a) Die Windgeschwindigkeit

3 c) In Südfrankreich

4 b) Meteorologe

5 a) Linien auf der Wetterkarte, die Orte gleicher Temperatur miteinander verbinden

6 b) Weil er keine Lufthülle hat

7 c) Den Luftdruck

8 b) Die Sonne

9 a) Klimata

10 c) Durch Veränderungen im Luftdruck

Sagenhaftes

1. Was ist Excalibur?
a) König Arthurs Schwert
b) Eine sagenumwobene Insel
c) Wotans Trinkbecher

2. Wie sieht ein Zentaur aus?
a) Wie ein Löwe mit zwei Köpfen
b) Wie eine Frau mit Fischschwanz
c) Wie ein Pferdeleib mit menschlichem Oberkörper

3. Wie nennt man eine rätselhafte Weissagung der Götter des Altertums?
a) Tentakel
b) Orakel
c) Tabernakel

4. Wie heißt der Held in der Nibelungensage?
a) Alberich
b) Wotan
c) Siegfried

5. Wie heißt in der griechischen Sage ein Ungeheuer mit einem Löwenkopf, einem Ziegenleib und einem Schlangenschwanz?
a) Chimäre
b) Chamäleon
c) Zyklop

6. Wie heißt die Insel, die der Sage nach versunken sein soll?
a) Helgoland
b) Atlantis
c) Mallorca

7. Wer waren die ersten sagenhaften Flieger?
a) Die Brüder Wright
b) Dädalus und Ikarus
c) Die Holländer

8. Wie hieß der Hund, der bei den Griechen den Eingang zur Unterwelt bewachte?
a) Hasso
b) Lassie
c) Zerberus

9. WER WAR'S?
Er lebte in der 2. Hälfte des 8. Jahrhunderts v. Chr. in Kleinasien. Ihm schrieben die alten Griechen zwei große Sagendichtungen zu. Er soll blind gewesen sein.
a) Sokrates
b) Homer
c) Diogenes

10. Wozu wurde alles, was König Midas berührte?
a) Zu Staub
b) Zu Eisen
c) Zu Gold

11. An welchem Fluss kämmte Lorelei ihr Haar und lenkte damit die Schiffer ab?
a) Am Rhein
b) Am Po
c) An der Loire

12. Was tranken die griechischen Götter?
a) Tee
b) Nektar
c) Tomatensaft

Sagenhaftes

1 a) König Arthurs Schwert

2 c) Wie ein Pferdeleib mit menschlichem Oberkörper

3 b) Orakel

4 c) Siegfried

5 a) Chimäre

6 b) Atlantis

7 b) Dädalus und Ikarus

8 c) Zerberus

9 b) Homer

10 c) Zu Gold

11 a) Am Rhein

12 b) Nektar

Interessante Sprachen und Schriften

1. Welche Sprache wird von den meisten Menschen auf der Welt gesprochen?
a) Chinesisch
b) Englisch
c) Spanisch

2. Wie heißt »Auf Wiedersehen« auf Japanisch?
a) Hasta la vista
b) Näkemiin
c) Sayonara

3. Wie nennt man ein lautes Selbstgespräch vor Zuhörern?
a) Dialog
b) Diskussion
c) Monolog

4. Wie heißt der letzte Buchstabe des griechischen Alphabets?
a) Z
b) Omega
c) Ypsilon

5. Welche Sprache wurde von den alten Römern gesprochen?
a) Italienisch
b) Lateinisch
c) Römisch

6. Was heißt auf Japanisch »leere Hand«?
a) Jiu-Jitsu
b) Kendo
c) Karate

7. In welchem Land der Welt werden die meisten Sprachen gesprochen?
a) In Indien
b) In Australien
c) In China

8. Wie nennt man ägyptische Bildzeichen?
a) Kyrillische Buchstaben
b) Lettern
c) Hieroglyphen

9. Was ist die offizielle Sprache von Andorra?
a) Katalanisch
b) Spanisch
c) Andorresisch

10. Für China steht das Bilderzeichen . Was bedeutet es ?
a) Land der aufgehenden Sonne
b) Reich der Mitte
c) Fruchtbares Land

11. Welches Schriftsystem wird heute in allen westeuropäischen Ländern verwendet?
a) Die Keilschrift
b) Die Bilderschrift
c) Das lateinische Alphabet

12. Wie werden germanische Schriftzeichen genannt?
a) Runen
b) Ruinen
c) Piktogramme

Interessante Sprachen und Schriften

1 a) Chinesisch

2 c) Sayonara

3 c) Monolog

4 b) Omega

5 b) Lateinisch

6 c) Karate

7 a) In Indien

8 c) Hieroglyphen

9 a) Katalanisch

10 b) Reich der Mitte

11 c) Das lateinische Alphabet

12 a) Runen

Spielereien

1. Worum geht es bei *Monopoly*?
a) Um Aktien
b) Um Immobilien
c) Um Länder

2. Was muss man bei *Canasta* mit einer roten Drei machen?
a) Sofort herauslegen
b) Auf der Hand behalten und versuchen mehrere zu sammeln
c) Dem rechten Mitspieler geben

3. Welche Schachfiguren können den ersten Zug im Spiel machen?
a) Die Königin
b) Die Türme
c) Die Springer

4. Was ist auf dem Feld in der Mitte des *Scrabble*-Brettes abgebildet?
a) Ein Kreis
b) Ein Pfeil
c) Ein Stern

5. Wie viele Quadrate hat ein Schachbrett?
a) 32
b) 64
c) 81

6. Was für ein Spiel ist *Galgenmännchen*?
a) Ein Wörterratespiel
b) Ein Glücksspiel
c) Ein Strategiespiel

7. Was ist ein Talon?
a) Eine Spielmünze
b) Ein Würfel mit nur zwei Zahlen
c) Der Kartenstapel, der nach dem Geben übrig geblieben ist

8. Welches Spiel kam am Anfang des 19. Jahrhunderts in New Orleans auf?
a) *Bridge*
b) *Poker*
c) *Scrabble*

9. Welche Figur beim Schachspiel hat die meisten Möglichkeiten?
a) König
b) Königin
c) Bauer

10. Welches Kartenspiel ist mit dem chinesischen *Mah-Jongg* verwandt?
a) *Skat*
b) *Quartett*
c) *Rommé*

11. In welchem Land ist Legoland?
a) In Dänemark
b) In Frankreich
c) In Kanada

12. Mit welchem französischen Namen wird ein Glücksspiel bezeichnet?
a) *Patience*
b) *Roulette*
c) *Boule*

Spielereien

1 b) Um Immobilien

2 a) Sofort herauslegen

3 c) Die Springer

4 c) Ein Stern

5 b) 64

6 a) Ein Wörterratespiel

7 c) Der Kartenstapel, der nach dem Geben übriggeblieben ist

8 b) *Poker*

9 b) Königin

10 c) *Rommé*

11 a) In Dänemark

12 b) *Roulette*

Für Technikfreaks

1. Wozu braucht man ein Radioteleskop?
a) Um Radiostrahlung aus dem Weltall zu empfangen
b) Um Radiosender zu verstärken
c) Um weltweit telefonieren zu können

2. Wer erfand den Kühlschrank?
a) Hieronymus Bosch
b) Carl von Linde
c) James Watt

3. Wie nennt man eine dreidimensionale Laseraufnahme eines Gegenstandes?
a) Pentagramm
b) Autogramm
c) Hologramm

4. Wer hat die Zentralheizung erfunden?
a) Die alten Römer
b) Ein Heizungsinstallateur
c) Die Eskimos

5. Was ist ein Radiator?
a) Ein altes Röhrenradio
b) Ein Röntgengerät
c) Ein Heizkörper

6. Wohin zeigt die Nadel eines Kompasses immer?
a) In die Fahrtrichtung
b) In alle Richtungen, je nachdem, wie man ihn dreht
c) Nach Norden

7. Wie nennt man elektrisch geladene Teilchen?
a) Ikonen
b) Ionen
c) Quarks

8. Welche Uhren geben die genaueste Zeit an?
a) Atomuhren
b) Quarzuhren
c) Sonnenuhren

9. Welches Leichtmetall wird im Flugzeugbau verwendet?
a) Kupfer
b) Eisen
c) Aluminium

10. Wie nennt man eine Bremse, bei der Bremsklötze gegen eine Stahlscheibe drücken?
a) Felgenbremse
b) Scheibenbremse
c) Druckluftbremse

Für Technikfreaks

1 a) Um Radiostrahlung aus dem Weltall zu empfangen

2 b) Carl von Linde

3 c) Hologramm

4 a) Die alten Römer

5 c) Ein Heizkörper

6 c) Nach Norden

7 b) Ionen

8 a) Atomuhren

9 c) Aluminium

10 b) Scheibenbremse

Internationale Küche

1. In welchem Land werden die meisten Muscheln pro Person verzehrt?
a) In Frankreich
b) In Neuseeland
c) In Japan

2. Welche Käsesorte ist nach einer holländischen Stadt benannt?
a) Edamer
b) Appenzeller
c) Camembert

3. In welchem Land wächst der meiste Tee?
a) In England
b) In Indien
c) In Brasilien

4. Welches Getränk wird auf der ganzen Welt am meisten getrunken?
a) Coca-Cola
b) Tee
c) Wasser

5. Was ist Borschtsch?
a) Eine finnische Fischsuppe
b) Eine russische Kohlsuppe
c) Eine ungarische Paprikasuppe

6. Aus welchem Land kommt Curry?
a) Aus Indien
b) Aus den USA
c) Aus Kenia

7. Was ist Stilton?
a) Eine Schokoladensorte
b) Eine Salatsorte
c) Eine Käsesorte

8. Aus welchem Land stammt die Tomate?
a) Aus Griechenland
b) Aus Holland
c) Aus Peru und Ecuador

9. Was sind Kieler Sprotten?
a) Kleine geräucherte Heringe
b) Schokoladenplätzchen
c) Rosenkohl

10. Wie werden Austern am häufigsten verzehrt?
a) Gekocht
b) Gebraten
c) Roh

11. Was ist Porridge?
a) Hafergrütze mit Milch und Butter
b) Lauchgemüse
c) Englischer Kartoffelbrei

12. Wie heißt ein traditionelles ungarisches Fleischgericht?
a) Ratatouille
b) Gulasch
c) Kaiserschmarrn

13. Was wird in einem russischen Samowar gekocht?
a) Tee
b) Fleischbrühe
c) Eier

14. Welches Land ist der weltweit größte Weinproduzent?
a) Australien
b) Bulgarien
c) Italien

Internationale Küche

1 a) In Frankreich

2 a) Edamer

3 b) In Indien

4 c) Wasser

5 b) Eine russische Kohlsuppe

6 a) Aus Indien

7 c) Eine Käsesorte

8 c) Aus Peru und Ecuador

9 a) Kleine geräucherte Heringe

10 c) Roh

11 a) Hafergrütze mit Milch und Butter

12 b) Gulasch

13 a) Tee

14 c) Italien

Allerlei Verkehrsmittel

1. Womit kann man die Straße von Gibraltar befahren?
a) Mit dem Fahrrad
b) Mit dem Auto
c) Mit dem Schiff

2. In welchem Land werden die meisten Motorräder gebaut?
a) In England
b) In den USA
c) In Japan

3 Welches Gerät braucht man zur Stromerzeugung beim Fahrradfahren?
a) Einen Trafo
b) Einen Dynamo
c) Einen Akku

4. Was sind die *Cable Cars* in San Francisco?
a) Straßenbahnen
b) Elektroautos
c) Oldtimer-Taxis

5. Wie wird die Pariser Untergrundbahn genannt?
a) *Train rapid*
b) *Métro*
c) *TGV*

6. Wie heißt das einzige Passagierflugzeug, das mit Überschallgeschwindigkeit fliegt?
a) *Tornado*
b) *Boeing*
c) *Concorde*

7. Welche Farbe hat normalerweise die *Blackbox*, die z.B. einen Flugzeugabsturz aufzeichnet?
a) Schwarz
b) Orange
c) Weiß

8. In welchem Teil eines Jumbojets befindet sich der Treibstoff?
a) In den Flügeln
b) Unter der Pilotenkanzel
c) Im Heck

9. Welche Farbe haben die Taxis in Mexico City?
a) Lila
b) Gelb
c) Schwarz

10. Wer entwickelte die Elektrolokomotive, die elektrische Straßenbahn, den Omnibus und den elektrischen Aufzug?

a) Rudolf Diesel

b) Heinrich Hertz

c) Werner von Siemens

Allerlei Verkehrsmittel

1 c) Mit dem Schiff

2 c) In Japan

3 b) Einen Dynamo

4 a) Straßenbahnen

5 b) *Métro*

6 c) *Concorde*

7 b) Orange

8 a) In den Flügeln

9 b) Gelb

10 c) Werner von Siemens

Sonderbare Vögel

1. Was kann der Beo am besten von allen Vögeln?
a) Fliegen
b) Sprechen
c) Laufen

2. Welcher Vogel hat die längsten Federn?
a) Der Kolibri
b) Der Dschungelvogel
c) Die Möwe

3. Welcher Vogel hat die größte Spannweite?
a) Der Albatros
b) Der Seeadler
c) Der Storch

4. Wodurch unterscheidet sich der Pitohui aus Neuguinea von allen anderen Vögeln?
a) Er kann unter Wasser fliegen.
b) Er ist giftig.
c) Er baut sein Nest unterirdisch.

5. Was kann die Wasseramsel Besonderes?
a) Sie kann eine ganze Tonleiter singen.
b) Sie kann auf dem Wasser laufen.
c) Sie kann unter Wasser laufen.

6. Was kann der Pinguin am besten?
a) Schwimmen
b) Fliegen
c) Laufen

7. Mit welchem Männernamen bezeichnet man ein Adlernest?
a) Kurt
b) Dietrich
c) Horst

8. Welche Vögel würgen ihre Nahrungsreste als Gewölle wieder heraus?
a) Reiher
b) Elstern
c) Eulen

9. Zu welchem Vogel gehört ein lauter Schrei, der wie menschliches Lachen klingt?
a) Zum Kookaburra

b) Zur Krähe
c) Zum Strauß

10. Wie bezeichnet man Vogelkunde mit einem Fremdwort?
a) Orthografie
b) Ornithologie
c) Ontologie

11. Zu welcher Vogelfamilie gehört der Eichelhäher?
a) Zu den Spechten
b) Zu den Singvögeln
c) Zu den Krähen

12. Welche Vogelart wurde früher zur Überbringung von Nachrichten eingesetzt?
a) Tauben
b) Papageien
c) Gänse

13. Was ist kein Vogel?
a) Der Neuntöter
b) Der Trauermantel
c) Die Grasmücke

14. Wie finden Geier ihre Nahrung?
a) Sie riechen das verwesende Fleisch.
b) Sie hören die Schreie des verendenden Tieres.
c) Sie entdecken im Flug sterbende oder tote Tiere.

Sonderbare Vögel

1 b) Sprechen

2 b) Der Dschungelvogel

3 a) Der Albatros

4 b) Er ist giftig.

5 c) Sie kann unter Wasser laufen.

6 a) Schwimmen

7 c) Horst

8 c) Eulen

9 a) Zum Kookaburra

10 b) Ornithologie

11 c) Zu den Krähen

12 a) Tauben

13 b) Der Trauermantel

14 c) Sie entdecken im Flug sterbende oder tote Tiere.

Bodybuilding

1. Welches Körperhaar lebt nur vier Monate?
   a) Barthaar
   b) Kopfhaar
   c) Wimper

2. Aus wie vielen Lappen besteht die menschliche Lunge?
   a) Aus zwei Lappen
   b) Aus fünf Lappen
   c) Aus acht Lappen

3. Welches Organ ist, wenn man die Haut außer Acht lässt, das größte Organ des menschlichen Körpers?
   a) Die Lunge
   b) Die Leber
   c) Der Magen

4. Mit welchem Teil des Mundes kann man am besten Süßes schmecken?
   a) Mit der Zungenspitze
   b) Mit dem Gaumen
   c) Mit dem hinteren Teil der Zunge

5. Welches Gelenk verbindet den Oberschenkel mit dem Unterschenkel?
a) Das Hüftgelenk
b) Das Fußgelenk
c) Das Knie

6. Wie heißt der farbige Teil der Augen?
a) Iris
b) Aurora
c) Aura

7. Welcher italienische Fluss heißt wie ein Körperteil?
a) Der Po
b) Die Stirn
c) Die Wade

8. Wo sitzt im Menschen eine Schnecke?
a) Im Bauch
b) Im Ohr
c) Im Gehirn

9. Wo befindet sich das Jochbein?
a) Unterhalb des Auges
b) Hinter dem Schienbein
c) Neben dem Schlüsselbein

10. Welcher Körperteil enthält Mark?
a) Das Gehirn
b) Das Ohr
c) Die Knochen

11. Wer hat die meisten Knochen in seinem Körper?
a) Ein Kind
b) Ein Erwachsener
c) Ein Greis

12. Wie heißen die fadenförmigen Gebilde, die das Erbgut eines Lebewesens tragen?
a) Chronometer
b) Chroniken
c) Chromosomen

13. Woraus besteht der menschliche Körper in der Hauptsache?
a) Aus Knochen
b) Zu zwei Dritteln aus Wasser
c) Aus Fleisch

14. Wozu dienen die Gehörknöchelchen?
a) Sie verbinden den Schädelknochen mit dem äußeren Ohr.
b) Sie halten das Trommelfell gespannt.
c) Sie leiten den Schall vom Trommelfell zum inneren Ohr.

Bodybuilding

1 c) Wimper

2 b) Aus fünf Lappen

3 b) Die Leber

4 a) Mit der Zungenspitze

5 c) Das Knie

6 a) Iris

7 a) Der Po

8 b) Im Ohr

9 a) Unterhalb des Auges

10 c) Die Knochen

11 a) Ein Kind

12 c) Chromosomen

13 b) Zu zwei Dritteln aus Wasser

14 c) Sie leiten den Schall vom Trommelfell zum inneren Ohr.

Buntes Völkergemisch

1. Wie heißen die Einwohner von Sardinien?
   a) Sardellen
   b) Sarden
   c) Mansarden

2. Was haben die alten Ägypter erfunden?
   a) Schlösser und Schlüssel
   b) Bücher
   c) Kochtöpfe

3. Was verstehen die Holländer unter Grachten?
   a) Wasserkanäle
   b) Alte Segelschiffe
   c) Windjacken

4. Welcher Religionsgemeinschaft gehören die meisten Türken an?
   a) Dem Islam
   b) Dem Christentum
   c) Dem Buddhismus

5. Wie heißen die Ureinwohner Australiens?
   a) Inuit
   b) Aborigines
   c) Indianer

6. Wo leben die Hottentotten?
a) In Südwestafrika
b) In Neuseeland
c) In der Mongolei

7. Wonach werden in China die Jahre benannt?
a) Nach Blumen
b) Nach Tieren
c) Nach Sternen

8. Wie heißen die Gotteshäuser in der Türkei?
a) Kathedrale
b) Moschee
c) Minarett

9. In welcher Gegend leben die Buschmänner?
a) In der Wüste Kalahari
b) Im australischen Busch
c) Im tropischen Regenwald

10. Wie nennen die Südafrikaner ihre Steppen?
a) Prärien
b) Vields
c) Pampas

Buntes Völkergemisch

1 b) Sarden

2 a) Schlösser und Schlüssel

3 a) Wasserkanäle

4 a) Dem Islam

5 b) Aborigines

6 a) In Südwestafrika

7 b) Nach Tieren

8 b) Moschee

9 a) In der Wüste Kalahari

10 b) Vields

Feste wie Weihnachten und Ostern

1. Wie heißt der Gehilfe vom Nikolaus?
a) Erzengel Gabriel
b) Knecht Ruprecht
c) Pumuckl

2. In welcher Stadt wurde Jesus geboren?
a) Nazareth
b) Jerusalem
c) Bethlehem

3. Wie viele Türchen hat ein Adventskalender?
a) 24
b) 4
c) 31

4. An welchem Tag stellt man Zweige von Sträuchern und Obstbäumen in Wasser, damit sie an Weihnachten blühen?
a) Am Barbaratag
b) Am Nikolaustag
c) Am Martinstag

5. Welche Stadt ist berühmt für ihren Christkindlesmarkt?
a) Nürnberg
b) Dresden
c) Lübeck

6. Wo wird das Weihnachtsfest »Julfest« genannt?
a) In Frankreich
b) In Portugal
c) In Schweden

7. Welche Pflanze mit grünen Blättern und roten Beeren gehört in England zur Weihnachtsdekoration?
a) Die Stechpalme
b) Der Johannisbeerstrauch
b) Der Barbarazweig

8. Welches Ballett ist für Weihnachten bestimmt?
a) Schwanensee
b) Der Nussknacker
c) Dornröschen

9. Welches Tier legt Ostereier?
a) Der Hase
b) Der Hahn
c) Die Henne

10. Welche Bedeutung hat der Aschermittwoch?
a) Beginn der Fasenacht
b) Tag, an dem die Aschenbecher geleert werden
c) Beginn der Fastenzeit

11. Wodurch ist die Osterinsel bekannt?

a) Dort wurden die Ostereier erfunden.

b) Durch riesige Steinfiguren

c) Weil sie von unzähligen Hasen besiedelt ist

Feste wie Weihnachten und Ostern

1 b) Knecht Ruprecht

2 c) Bethlehem

3 a) 24

4 a) Am Barbaratag

5 a) Nürnberg

6 c) In Schweden

7 a) Die Stechpalme

8 b) Der Nussknacker

9 c) Die Henne

10 c) Beginn der Fastenzeit

11 b) Durch riesige Steinfiguren

Auf freier Wildbahn

1. Welches Tier ist das faulste und schläft 19 Stunden am Tag?
a) Das Faultier
b) Der Hamster
c) Das Gürteltier

2. Wie finden Fledermäuse ihren Weg durch die Dunkelheit?
a) Mit Hilfe von Infrarotstrahlen
b) Mit Hilfe von Ultraschall
c) Mit Hilfe von Röntgenstrahlen

3. Wo hat der Skorpion seine Ohren?
a) Am Kopf
b) Am Schwanz
c) In den Beinen

4. Welches Tier ist zugleich Männchen und Weibchen?
a) Der Regenwurm
b) Die Schildkröte
c) Das Faultier

5. Wie viele Zehen hat ein Kamel an seinem Fuß?
a) Gar keine
b) Zwei
c) Fünf

6. Welches der drei Tiere hat vier Knie?
a) Der Elefant
b) Das Kamel
c) Der Elch

7. Was sind Albinos?
a) Große Seevögel
b) Tiere, die auf Grund fehlender Farbstoffbildung weiße Haare und rote Augen haben
c) Eine Affenart

8. Zu welcher Tierart gehören Koalas?
a) Zu den Bären
b) Zu den Beuteltieren
c) Zu den Nagetieren

9. Was haben alle Säugetiere gemeinsam?
a) Sie sind behaart.
b) Sie können nicht fliegen.
c) Sie legen Eier.

10. Wie nennt man beim Wolf die Augen?
a) Lichter
b) Seher
c) Sehschlitze

11. Welches Tier war der Vorfahre des Elefanten?
a) Das Nashorn
b) Der Wisent
c) Das Mammut

12. Welches sind die größten lebenden Tierarten?
a) Seekühe
b) Wale
c) Elefanten

13. Welche Tiere bestäuben wilde Bananen?
a) Fledermäuse
b) Schmetterlinge
c) Ameisenbären

Auf freier Wildbahn

1 c) Das Gürteltier

2 b) Mit Hilfe von Ultraschall

3 c) In den Beinen

4 a) Der Regenwurm

5 b) Zwei

6 a) Der Elefant

7 b) Tiere, die aufgrund fehlender Farbstoffbildung weiße Haare und rote Augen haben

8 b) Zu den Beuteltieren

9 a) Sie sind behaart.

10 a) Lichter

11 c) Das Mammut

12 b) Wale

13 a) Fledermäuse

Fremde Wörter

1. Was ist eine Tokkata?
a) Eine Eissorte
b) Ein Musikstück
c) Ein japanisches Auto

2. Was ist ein Basar?
a) Ein Händlerviertel
b) Ein Museum
c) Eine Gemüseart

3. Was ist ein Antiquariat?
a) Ein Wasserbecken für Fische
b) Eine Buchhandlung für alte Bücher
c) Ein altes, wertvolles Möbelstück

4. Was ist ein Sultan?
a) Ein Zauberer
b) Ein Herrschertitel
c) Eine Rosinenart

5. Was ist eine Expedition?
a) Eine Ausdehnung
b) Ein wissenschaftlicher Versuch
c) Eine Forschungsreise

6. Was ist ein Viadukt?
a) Eine Wasserleitungsbrücke
b) Eine enge Straße
c) Eine Talbrücke

7. Was ist Polenta?
a) Ein dicker Maisbrei
b) Die italienische Polizei
c) Italienisch zubereitete Ente

8. Was ist Bakschisch?
a) Süßer Kuchen
b) Trinkgeld
c) Schwarzer Tabak

9. Was ist ein Meteor?
a) Eine Sternschnuppe
b) Eine Maßeinheit für Strecken
c) Wetterkunde

10. Was ist ein Auktionator?
a) Ein Schauspieler
b) Ein Aktienhändler
c) Ein Versteigerer

11. Was ist ein Labyrinth?
a) Ein Experimentierraum
b) Ein griechischer Künstler
c) Ein Irrgarten

12. Was ist eine Bonboniere?
a) Ein Behälter aus Kristall oder Porzellan für Bonbons oder Pralinen
b) Eine Bonbonverkäuferin
c) Eine Gutscheinkasse

13. Was bedeutet Emigration?
a) Auswanderung
b) Orientalisches Scheichtum
c) Einwanderung

14. Was ist eine Raffinade?
a) Fein gemahlener Zucker
b) Ein Betrieb zur Erdölreinigung
c) Schlaue Verhaltensweise

15. Was ist Estragon?
a) Ein Gewürz
b) Eine spanische Provinz
c) Der erste Adventssonntag

16. Was ist eine Jacketkrone?
a) Der Kopfschmuck eines Indianers
b) Eine Zahnmantelkrone aus Porzellan oder Kunstharz
c) Die Verzierung einer Anzugjacke

17. Was ist eine Draisine?
a) Ein Schienenfahrzeug
b) Eine besondere Rosinensorte
c) Eine Getreidemühle

18. Was sind Pygmäen?

a) Ein Gebirge
b) Farbstoffe der Haut
c) Kleinwüchsige Menschenrasse

19. Was sind Quarks?

a) Materiebausteine
b) Außerirdische froschähnliche Wesen
c) Chemisch hergestellte Milchprodukte

20. Was ist der Mistral?

a) Eine moderne Anlage zum Ausmisten der Ställe
b) Ein trockener kalter Fallwind in Südfrankreich
c) Ein lateinisches Messbuch

21. Was ist ein Archipel?

a) Ein Raum, in dem Schriftstücke aufbewahrt werden
b) Ein Holzschiff
c) Eine Inselgruppe

22. Was ist ein Vakuum?

a) Eine freie Stelle
b) Ein nahezu luftleerer Raum
c) Ein Impfstoff

23. Was sind Kakerlaken?

a) Käfer
b) Besonders große Bettlaken
c) Kleine Seen

24. Was ist eine Kokke?
a) Ein mittelalterliches Schiff
b) Eine Seidenraupe
c) Eine kugelförmige Bakterie

25. Was ist ein Alpinum?
a) Ein Garten mit Alpenpflanzen
b) Ein Blasinstrument
c) Ein schrecklicher Traum

Fremde Wörter

1 b) Ein Musikstück

2 a) Ein Händlerviertel

3 b) Eine Buchhandlung für alte Bücher

4 b) Ein Herrschertitel

5 c) Eine Forschungsreise

6 c) Eine Talbrücke

7 a) Ein dicker Maisbrei

8 b) Trinkgeld

9 a) Eine Sternschnuppe

10 c) Ein Versteigerer

11 c) Ein Irrgarten

12 a) Ein Behälter aus Kristall oder Porzellan für Bonbons oder Pralinen

13 a) Auswanderung

14 a) Fein gemahlener Zucker

15 a) Ein Gewürz

16 b) Eine Zahnmantelkrone aus Porzellan oder Kunstharz

17 a) Ein Schienenfahrzeug

18 c) Kleinwüchsige Menschenrasse

19 a) Materiebausteine

20 b) Ein trockener kalter Fallwind in Südfrankreich

21 c) Eine Inselgruppe

22 b) Ein nahezu luftleerer Raum

23 a) Käfer

24 c) Eine kugelförmige Bakterie

25 a) Ein Garten mit Alpenpflanzen

Warum? Warum? Warum?

Das gigageniale Frage-und Antwort-Buch

So kommen selbst die hellsten Köpfe auf ihre Kosten: ein Band voll gepackt mit spannenden, faszinierenden Fragen und Antworten aus allen Wissensgebieten! Ob es sich nun um Informationen über die Erde und Weltall handelt, über Wissenschaft und Technik, Geschichte, Kunst, Kultur und Sport – das Taschenbuch ist eine unerschöpfliche Quelle zum Nachschlagen und Schmökern!

Arena-Taschenbuch-Band 1915. 288 Seiten. Ab 9
Im extragroßen Taschenbuchformat!

Arena